Ernst Probst

AF173445

Die Schweiz in der Mittelbronzezeit

Mit Zeichnungen von Friederike Hilscher-Ehlert

Ernst Probst

Die Schweiz in der Mittelbronzezeit

Mit Zeichnungen von Friederike Hilscher-Ehlert

GRIN Verlag

Bibliografische Information der Deutschen Nationalbibliothek: Die Deutsche Bibliothek
verzeichnet diese Publikation in der Deutschen Nationalbibliografie; detaillierte bibliografische Daten sind im Internet über http://dnb.d-nb.de/ abrufbar.

1. Auflage 2011
Copyright © 2011 GRIN Verlag
http://www.grin.com/
Druck und Bindung: Books on Demand GmbH, Norderstedt Germany
ISBN 978-3-656-01089-0

Frau aus der Mittelbronzezeit.
Ausschnitt aus einer Zeichnung
von Friederike Hilscher-Ehlert, Königswinter,
für das Buch »Deutschland in der Bronzezeit« (1996)
von Ernst Probst

Ernst Probst

Die Schweiz in der Mittelbronzezeit

Mit Zeichnungen
von Friederike Hilscher-Ehlert

Widmung

Dr. Gretel Gallay,
Dr. Albert Hafner und
Dr. Jürg Rageth
gewidmet,
die mich bei meinem Buch
»Deutschland in der Bronzezeit« (1996)
unterstützt haben,
sowie der wissenschaftlichen Graphikerin
Friederike Hilscher-Ehlert

Krieger aus der Mittelbronzezeit in Süddeutschland.
Zeichnung aus einer Publikation
des Prähistorikers Georg Kraft (1894–1944) von 1926

Inhalt

Zwei Frauen mit langärmeligen Blusen,
knöchellangen Röcken, Schulter- und Kopftüchern
aus der Mittelbronzezeit in Mitteldeutschland –
eine Rekonstruktion
des Weimarer Prähistorikers Rudolf Feustel
von 1958

Vorwort

Rund 400 Jahre Urgeschichte von etwa 1600 bis 1200
v. Chr. passieren in dem Taschenbuch »Die Schweiz
in der Mittelbronzezeit« in Wort und Bild Revue. Es
befasst sich mit den Kulturen und Gruppen, die in dieser
Zeitspanne im Gebiet der heutigen Alpenrepublik
existierten. Geschildert werden die Anatomie und
Krankheiten der damaligen Ackerbauern, Viehzüchter
und Bronzegießer, ihre Siedlungen, Kleidung, ihr
Schmuck, ihre Keramik, Werkzeuge, Waffen, Haustiere,
Jagdtiere, ihr Verkehrswesen, Handel, ihre Kunstwerke
und Religion.

Verfasser ist der Wiesbadener Wissenschaftsautor Ernst
Probst, der sich vor allem durch seine Werke »Deutschland in der Urzeit« (1986), »Deutschland in der Steinzeit«
(1991) und »Deutschland in der Bronzezeit« (1996) einen
Namen gemacht hat. Das Taschenbuch »Die Schweiz
in der Mittelbronzezeit« ist Dr. Gretel Gallay, Dr. Albert
Hafner und Dr. Jürg Rageth gewidmet, die den Autor
mit Rat und Tat bei seinem Buch »Deutschland in der
Bronzezeit« (1996) unterstützt haben. Es enthält Lebensbilder der wissenschaftlichen Graphikerin Friederike Hilscher-Ehlert aus Königswinter.

Der dänische Archäologe
Christian Jürgensen Thomsen (1788–1865)
hat 1836 die Urgeschichte
nach dem jeweils am meisten verwendetem Rohstoff
in drei Perioden eingeteilt:
Steinzeit, Bronzezeit und Eisenzeit.

Auf einem Lebensbild von 1921
wurden die Menschen der Bronzezeit
als Jäger und Viehzüchter dargestellt.
Diese Zeichnung
stammt aus einem Buch
von Karl Schumacher (1860–1934),
dem damaligen Direktor
des Römisch-Germanischen Zentralmuseums,
Mainz.

Die Mittelbronzezeit in der Schweiz

Abfolge und Verbreitung der Kulturen

Die Mittelbronzezeit währte in der Schweiz etwa von 1600 bis 1300/1200 v. Chr. Sollte sich auch in der Schweiz die neuerdings von deutschen Prähistorikern für die Mittelbronzezeit praktizierte Gliederung durchsetzen, müsste man diesen Abschnitt in zwei Stufen teilen. Die ältere Stufe hieße dann Bronzezeit B, die jüngere folglich Bronzezeit C.

In der Westschweiz und im Mittelland werden die urgeschichtlichen Funde zwischen etwa 1600 und 1300/1200 v. Chr. der Hügelgräber-Kultur (s. S. 15) beziehungsweise Hügelgräber-Bronzezeit zugerechnet.[1] Sie löste in der Westschweiz die Aare-Rhône-Gruppe der Rhône-Kultur und im Mittelland die Arbon-Kultur beziehungsweise die jüngere Frühbronzezeit ab.

In weiten Teilen des Kantons Graubünden behauptete sich von etwa 1600 bis 1300/1200 v. Chr. die mittelbronzezeitliche Inneralpine Bronzezeit-Kultur (s. S. 41). Dort hatte vorher die frühbronzezeitliche Inneralpine Bronzezeit-Kultur existiert. Früher hat man auch von der Crestaulta-Kultur oder von der Bündnerischen Bronzezeit gesprochen.

PAUL REINECKE,
geboren am 25. September 1872
in Berlin-Charlottenburg,
gestorben am 12. Mai 1958 in Herrsching.
Er wirkte 1897 bis 1908
am Römisch-Germanischen Zentralmuseum
in Mainz. 1908 bis 1937
war er Hauptkonservator
am Bayerischen Landesamt
für Denkmalpflege in München.
1917 wurde er kgl. Professor.
Reinecke teilte 1902 die Bronzezeit
in die Stufen A bis D ein.
1902 sprach er von der Straubinger Kultur
sowie von der Grabhügelbronzezeit
und später von der Hügelgräber-Bronzezeit.

Arme und Reiche im selben Grabhügel

Die Hügelgräber-Kultur

Um etwa 1600 v. Chr. trat in der Westschweiz und im Mittelland die mittelbronzezeitliche Hügelgräber-Kultur an die Stelle der bis dahin dort verbreiteten frühbronzezeitlichen Kulturen. Sie folgte in der Westschweiz auf die Aare-Rhône-Gruppe der Rhône-Kultur und im Mittelland auf die Arbon-Kultur beziehungsweise auf die jüngere Frühbronzezeit.

Die Hügelgräber-Kultur wurde von dem deutschen Prähistoriker Paul Reinecke (1872–1958) nach der typischen Art der Gräber dieser Zeit benannt. Sie bestand etwa bis 1300/1200 v. Chr.

In jene Phase der Bronzezeit fällt eine Klimaänderung, die ein österreichischer Wissenschaftler nach einem Gletschervorstoß in Osttirol als Löbben-Schwankung bezeichnete. Diese mit dem Aufkommen von feuchter und kühler Meeresluft verbundene Witterungsverschlechterung bewirkte zwischen etwa 1500 und 1300 v. Chr. eine Wachstumsverzögerung der Bäume. Letztere wurde 1982 anhand von Jahrringuntersuchungen im Gotthardgebiet nachgewiesen.

Einen kleinen Einblick in die damalige Tierwelt erlauben die Knochenreste unter dem Felsdach Chinechäle

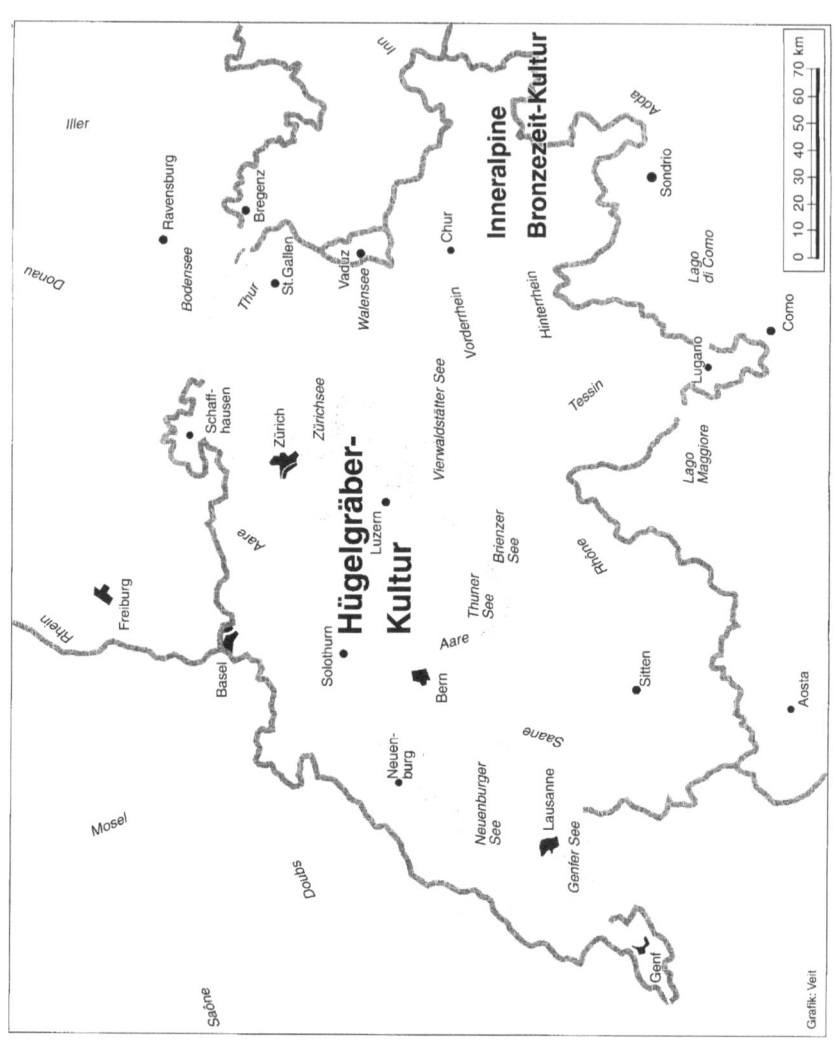

*Verbreitung der Kulturen während der Mittelbronzezeit
(etwa 1600 bis 1300/1200 v. Chr.) in der Schweiz*

16

an der Gsäßfluh[1] im Kanton Bern. Demnach gab es während der Zeit der Hügelgräber-Kultur in dieser Gegend unter anderem Rabenkrähen *(Corvus corone)*, Kernbeißer *(Coccothraustes coccothraustes)*, Ringdrosseln *(Turdus torquatus)* und Wildkatzen *(Felis silvestris)*.

Nach den Funden aus Gräbern in der Schweiz zu schließen, herrschten in der Gesellschaft der Hügelgräber-Kultur keine auffälligen Rangunterschiede. Unter dem Grabhügel liegen meistens mehrere Bestattungen, die hie und da um das Zentralgrab einer bedeutenden Persönlichkeit angelegt wurden.

Pompöse, für höherrangige Einzelpersonen bestimmte Grabbauten waren nicht üblich. Die Grabhügel bargen sowohl reich mit Beigaben ausgestattete Gräber als auch beigabenlose ärmere Beisetzungen. Demnach sind Arme und Reiche nebeneinander bestattet worden.

Erstaunlich groß für seine Zeit war ein Krieger, den man in Rafz (Kanton Zürich) beerdigt hatte. Der im Alter zwischen 23 und 33 Jahren gestorbene Mann brachte es auf eine Körperhöhe von etwa 1,80 Metern. Als bronzene Grabbeigaben fanden sich eine Gewandnadel, ein 67 Zentimeter langes Griffplattenschwert und ein Gürtelhaken.

Ein seltener Fund vom Malanser in Liechtenstein lieferte einen bescheidenen Hinweis auf die Kleidung jener Zeit. Dabei handelte es sich um die Scherbe eines Tongefäßes, auf welcher der Töpfer kurz vor dem Brand ein kleines Stück seines Gewandes abgedrückt hat. Der

Rekonstruktionen von Frauentrachten
aus der Zeit der Hügelgräber-Kultur nach Funden
aus Wiesbaden (Südfriedhof), links,
und Großenlüder-Unterbimbach (Kreis Fulda), rechts,
in Deutschland
Zeichnungen von Friederike Hilscher-Ehlert, Königswinter,
für das Buch »Deutschland in der Bronzezeit« (1996)
von Ernst Probst

*Rekonstruktionen von Frauentrachten
aus der Zeit der Hügelgräber-Kultur nach Funden
aus Hünfeld-Molzbach (Kreis Fulda), links,
und Darmstadt Wixhausen, in Hessen, rechts,
in Deutschland.
Zeichnungen von Friederike Hilscher-Ehlert, Königswinter,
für das Buch »Deutschland in der Bronzezeit« (1996)
von Ernst Probst*

*Ab der Mittelbronzezeit haben die Männer in der Schweiz
ihren Bart und vielleicht auch ihre Kopfhaare
mit bronzenen Rasiermessern geschnitten,
die damals – ebenso wie bronzene Pinzetten
zum Haareauszupfen – eine neue Errungenschaft waren.
Zeichnung von Friederike Hilscher-Ehlert, Königswinter,
für das Buch »Deutschland in der Bronzezeit« (1996)
von Ernst Probst*

Abdruck zeigt die so genannte Köperbindung, die aus der Jungsteinzeit noch nicht bekannt ist.

Bei der Untersuchung von Gräbern stellte sich heraus, dass zur Kleidung der Männer eine bronzene Nadel gehörte, während zu derjenigen der Frauen zwei Nadeln zählten. Die metallenen Nadeln hatten die Aufgabe, die Garderobe zusammenzuhalten, dienten daneben jedoch auch als Schmuck.

Die 28 Zentimeter lange Nadel aus dem erwähnten Kriegergrab von Rafz endet in einem kolbenförmigen Kopf. Ihr Hals ist leicht verdickt und durchbohrt. Kopf und Hals sind mit umlaufenden Rillengrupen verziert, die durch Streifen aus senkrechten Kerben getrennt werden. Der 15,5 Zentimeter lange Gürtelhaken aus demselben Grab wurde aus einem 85 Zentimeter langen Bronzedraht mit drei Millimeter Durchmesser zurechtgebogen. Seine Enden hat man spiralförmig aufgerollt. In Thayngen (Kanton Schaffhausen) kam ein 16,4 Zentimeter langer bronzener Gürtelhaken zum Vorschein. Er gehörte vielleicht zum Schwertgehänge eines Mannes.

Von bronzenen Rasiermessern, die sich ab jener Zeit einer zunehmenden Beliebtheit erfreuten, konnten bisher in der Schweiz nur wenige Exemplare geborgen werden. Eines davon fand sich in der Höhensiedlung »Bürg« bei Spiez im Kanton Bern. Diese Rarität ist 10,4 Zentimeter lang und 3,9 Zentimeter breit. Weitere Rasiermesser kennt man aus Mörigen, Wangen an der Aare (beide Kanton Bern) und aus Pfyn (Kanton Thurgau).

Bild auf Seite 23:

So genannter Stammesfürst
mit Beil und Schwert bewaffnet
aus der mittelbronzezeitlichen Hügelgräber-Kultur
nach einer historischen Trachtenrekonstruktion
des Münchener Historienmalers
und Altertumsforschers Julius Naue (1832–1907)

Bild auf Seite 25:

So genannte weise Frau
aus der mittelbronzezeitlichen Hügelgräber-Kultur
nach einer historischen Trachtenrekonstruktion
des Münchener Historienmalers
und Altertumsforschers Julius Naue (1832–1907)

Die Hügelgräber-Leute errichteten ihre Siedlungen auf flachem Gelände, auf leicht geneigten Hängen und auf Höhen. Zahlreiche Höhlen dienten als vorübergehende Unterkünfte. Dagegen wurden die Ufer von Seen kurz nach Beginn der Mittelbronzezeit verlassen. Es gab also keine Seeufersiedlungen (»Pfahlbauten«) mehr.

Angebrannte Steine, Kohle und Keramikreste zeugen von einer Flachlandsiedlung der Hügelgräber-Leute in Basel (Hechtliacker)[2]. In Wenslingen (Egg)[3] im Kanton Basel-Land kamen eine 15 bis 20 Zentimeter dicke Kulturschicht und ein Steinpflaster aus zerschlagenen Kieseln zum Vorschein.

Eine weitere Flachlandsiedlung wurde in Zürich-Affoltern (Reckenholz)[4] aufgespürt. Dort lagen in etwa 80 Zentimeter Tiefe Keramikfragmente, Holzkohle und Weizenkörner. In Murten[5] (Kanton Freiburg) fand man Keilsteine von Pfosten, Herdstellen, Konzentrationen von Kieselsteinen und Keramikreste. Aus Rances[6] (Kanton Waadt) liegen Siedlungsspuren aus der Zeit um 1350 v. Chr. vor.

Die Bewohner der Flachlandsiedlung am Fundort »Uf Wigg« bei Zeiningen[7] (Kanton Aargau) haben Keramikreste, Steinwerkzeuge und teilweise zerbrochene Kochsteine hinterlassen. Die Kochsteine mit Rot- und Schwarzfärbungen durch Feuereinwirkung dienten als »Tauchsieder«. Sie wurden im Feuer erhitzt und mit Astgabeln in Suppen geworfen, die bald siedeten. Experimente des Heimatforschers Werner Brogli aus Möhlin haben dies bestätigt. Beim Abschrecken in kaltem Wasser sind die Kochsteine zersprungen.

Zerbrochene, teilweise durch Hitze rot verfärbte Steine, Pfostenlöcher von Behausungen, Gruben, zehntausende von Keramikscherben, Steingeräte (ein Klopfstein, Feuersteinpfeilspitzen) sowie Bronzereste aus Gusstiegeln oder Schmelzöfen kamen 1992 bis 1995 bei Rettungsgrabungen im Kiesabbaugebiet von Cham-Oberwil, Hof (Kanton Zug), zum Vorschein. Die Funde stammen von einer Flachlandsiedlung aus der zweiten Hälfte der mittleren Bronzezeit und der frühen Spätbronzezeit.

Fünf hangseitig gestaffelte Blockhäuser bildeten vielleicht am Nordhang der Sissacher Fluh bei Sissach (Kanton Basel-Land) eine Höhensiedlung. Sie wurde von dem Zürcher Prähistoriker Emil Vogt (1906–1974) rekonstruiert, der dort 1936 gegraben hatte. Seine Erkenntnisse gelten heute teilweise als umstritten. Von dem Dorf, im dem einst schätzungsweise 30 bis 40 Menschen wohnten, blieben – laut Vogt – nach einer Feuersbrunst Reste von Trockenmauern und verbrannten Holzböden sowie Herdstellen und Backöfen aus Lehm erhalten. Die auf Steinunterbauten ruhenden Häuser waren angeblich ungefähr 3,30 bis zu 3,40 Meter breit und 4,70 Meter lang.

Auf der »Bürg« bei Spiez[8] (Kanton Bern) existierte eine Höhensiedlung, von der Bronzefunde und Keramikreste zeugen. Am Fuß des Hügels Crettaz-Polet bei Sembrancher[9] (Kanton Wallis) standen Behausungen in Form von Berghütten. Auf der Felskuppe Kasteltschuggen bei Zeneggen[10] (Kanton Wallis), hoch über

Rekonstruktion
des mittelbronzezeitlichen Dorfes
mit hangseitig gestaffelten Blockbauten
auf der Sissacher Fluh
bei Sissach im Kanton Basel-Land.
Die Zeichnung beruht
auf dem vom Zürcher Prähistoriker
Emil Vogt (1906–1974)
entworfenen Modell.

dem Rhônetal gelegen, stieß man auf Haustierknochen, verzierte Keramik sowie bronzene Waffen (zwei Dolche) und ein Werkzeug (Meißel).

Die Höhensiedlungen Crettaz-Polet) und Kasteltschuggen wurden durch Brände zerstört. Sie könnten infolge unachtsamen Umgangs mit offenem Feuer oder bei Angriffen entstanden sein.

Herdstellen und zahlreiche Scherben auf dem Vorplatz der Höhle Zwergiloch bei Oberwil im Simmental[11] (Kanton Bern) belegen die Anwesenheit von Menschen in diesem natürlichen Unterschlupf. Warum sie sich dort aufhielten, weiß man nicht.

Die Ackerbauern im Wallis haben möglicherweise Wälder mit Hilfe von Feuer gerodet und so Lichtungen für Äcker oder Weidezonen für das Vieh geschaffen. Darauf deuten Holzkohlestreifen auf dem Dailleypaß in 900 Meter Höhe bei Sembrancher hin. Es könnte sich aber auch lediglich um ein durch Blitzschlag ausgelöstes Feuer handeln.

Der Anbau von Getreide ließ sich durch Weizenkörner in der Flachlandsiedlung Zürich-Affoltern (Reckenholz) nachweisen. Das reife Getreide wurde mit bronzenen Sicheln geschnitten. Derartige Erntegeräte sind aus Grenchen (Kanton Solothurn), Meikirch (Kanton Bern), Villars-le-Comte (Kanton Waadt) und Genf-Eaux-Vives bekannt.

Von der Fundstelle westlich des Meierhofweges in Pratteln (Kanton Basel-Land) liegen Fragmente eines Mahl- und eines Läufersteins vor, mit denen man Getreidekörner zerquetscht hat.

Knochen von Schafen oder Ziegen, Rindern und Schweinen in der erwähnten Höhensiedlung Kasteltschuggen bei Zeneggen geben Aufschluss über die Haustierhaltung. Dabei überwogen die Reste von Schafen oder Ziegen mit etwa 70 Prozent ganz deutlich. Seltener waren Rinder (26,5 Prozent) und Schweine. Die Bewohner des Felsdaches Chinechäle an der Gsäßfluh zählten unter anderem ein Pferd und einen Hund zu ihrem Besitzstand. Dieser in 1190 Meter Höhe gelegene Fundort deutet auf Alpweidennutzung hin. Auf dem Borscht in Liechtenstein ist das Pferd ebenfalls nachgewiesen.

Dass man sich auch auf den Fischfang mit Netzen verstand, beweist ein Fund aus Saint-Triphon (Kanton Wallis). Dort hat man einen steinernen, scheibenförmigen Netzsenker geborgen.

Die zum Aufbewahren von Lebensmitteln, zum Kochen über offenem Feuer sowie zum Essen und Trinken bestimmten Tongefäße sind vermutlich in jedem Haushalt – oder für einige Haushalte – selbst geformt und gebrannt worden. Denn die Keramik ist nicht so gut gearbeitet, als dass sie von einem Töpfer stammen könnte, der viele Abnehmer zu seinem Kundenkreis gezählt hätte.

Zur Zeit der späten Hügelgräber-Kultur kam in der Schweiz erstmals der Kerbschnitt als Verzierung von Tongefäßen auf. Dabei unterscheiden die Prähistoriker zwischen »echtem« und »falschem Kerbschnitt«. Ersterer wurde mit einem messerartigen Gerät in den Ton eingeschnitten, letzterer dagegen mit einem »Stempel«in den Ton eingedrückt. Der Kerbschnitt fand auch in folgenden Epochen – vor allem in der Hallstatt-Zeit – wiederholt Verwendung.

Neben Werkzeugen aus Stein setzten sich zunehmend Geräte aus Bronze durch. Aus Stein bestanden beispielsweise Hammerköpfe mit Schäftungsrille. Dagegen wurden die Meißel zum Bearbeiten von Holz aus Metall angefertigt. Bronzene Meißel kamen auf der Felskuppe Kasteltschuggen bei Zeneggen zum Vorschein. Bei den bronzenen Beilen gab es solche, die als Werkzeuge, aber auch andere, die als Waffen dienten.

In der Übergangsphase von der Frühbronze- zur Mittelbronzezeit wurden weiterhin das nach einem bayerischen Fundort benannte und als Waffe geltende Langquaid-Beil sowie das als Arbeitsgerät gedachte Möhliner Beil benutzt. Allmählich hat man jedoch die in der Frühbronzezeit üblichen überlangen und schmalen Bronzebeile durch kurze Formen ersetzt. Anstelle der halbkreisförmigen und halbovalen Schneiden setzten sich nun schmale und nur leicht gerundete durch. Zur Waffenausrüstung gehörten neben Beilen auch bronzene Dolche, Schwerter, Streitäxte, Stabdolche und vereinzelt Lanzen.

Mit den typischen Bronzewaffen jener Zeit wurde ein Mann in Gamprin (Liechtenstein) bestattet. Die Hinterbliebenen haben ihm sein 32,2 Zentimeter langes Schwert, sein Randleistenbeil mit 18,3 Zentimeter langer Klinge und seinen 11,9 Zentimeter langen Dolch mit in das Grab gelegt.

Die bronzenen Dolchklingen der Hügelgräber-Kultur wurden anfangs mit vier Nieten zur Befestigung des Griffes versehen. Später verringerte sich die Zahl der Nieten auf zwei. In der Frühbronzezeit waren bis zu sechs Nieten üblich. Außerdem unterscheiden sich die mittelbronzezeitlichen Dolchklingen von den früh-bronzezeitlichen dadurch, dass sie nicht mehr verziert und stark geschweift sind.

Ab der älteren Phase der Hügelgräber-Kultur sind auch in der Schweiz die ersten bronzenen Schwerter nachweisbar. Aus dieser Zeit stammen die Schwert-funde von Zurzach (Kanton Aargau) und Varen (Kanton Wallis). In der jüngeren Phase wurden diese Stichwaffen häufiger, wie die 25 Exemplare des Depots von Oberillau (Kanton Luzern) beweisen.

Teilweise sind die Schwerter auf dem Tauschweg in die Schweiz gelangt. So gelten die Vollgriffschwerter von Eschenz (Kanton Thurgau), Dietikon (Kanton Zürich), Au (Kanton Sankt Gallen) und Thun (Kanton Bern) als Importe aus Südbayern. Andere Schwerter entspre-chen dem Typ Tiengen, der nach einem Grabfund von Tiengen in Baden-Württemberg benannt wurde. Als Kennzeichen jenes Typs gelten die gerundete Heftplatte, je zwei große und kleinere seitliche Pflock-nieten sowie eine gleichmäßig schmale Klinge mit rhombischem Querschnitt. Derartige Schwerter sind sowohl aus Thayngen und Beringen (Kanton Schaffhausen) als auch aus Oberillau (Kanton Luzern) bekannt.

Lanzen mit hölzernem Schaft und bronzener Spitze waren offenbar selten, wenngleich das Depot von

Villars-le-Comte (Kanton Waadt) drei Lanzenspitzen mit durchbohrter Tülle enthielt, die 10,1, 10,2 und 15,4 Zentimeter lang sind. Ein in Rapperswil (Kanton Sankt Gallen) entdecktes Exemplar mit durchbohrter und verzierter Tülle erreicht eine Länge von 18,9 Zentimetern.

Die Depotfunde von Meikirch[12] (Kanton Bern), Grenchen[13] (Kanton Solothurn), Villars-le-Comte[14] (Kanton Waadt), Ollon[15] (Kanton Wallis), Allschwil[16] (Kanton Basel-Land) und Oberillau[17] (Kanton Luzern) spiegeln den Reichtum an Bronzeobjekten wider. Es handelt sich um Werkzeuge, Waffen und Schmuckstücke in unterschiedlicher Zahl und Zusammensetzung, die auf dem Tauschweg den Besitzer wechselten.

Das Depot von Meikirch wurde bereits 1855 durch den Berner Altertumsforscher Gustav von Bonstetten (1816– 1892) erwähnt. Es umfasste ein Absatzbeil, das Fragment eines Randleistenbeiles, den Fehlguss einer Knopfsichel, zwei Arm- und Fußringe, einen Meißel, ein achtspeichiges Rädchen mit einem Durchmesser von 4,1 Zentimetern, ein schmales, klingenförmiges Bronzefragment und zwei Gussbrocken.

Zum Depot von Grenchen zählen unter anderem vier Knopfsicheln und vier Glockenbeile vom Typ Grenchen. Dieses Depot befand sich in Nähe einer Quelle.

Das Depot von Villars-le-Comte enthielt zwei Dolche, zwei Randleistenbeile, zwei Beilfragmente, vier Sicheln und drei Lanzenspitzen. Die Sicheln stellten sich als Fehlgüsse heraus. Sie weisen anstelle des Knopfes am Griff eine unregelmäßige Verdickung auf.

Beim Depot von Allschwil handelte es sich um jeweils ein Absatz- und ein fragmentiertes Randleistenbeil, eine Knopfsichel, sechs Sichelfragmente und eine Lanzenspitze. Dieses Depot wird als verstecktes Materiallager eines Bronzegießers oder -händlers betrachtet. Vom Fundort Ollon (Le Lessus) wurden zwei Gießereidepots zutage gefördert.

Das Depot mit 25 Schwertern von Oberillau bei Lieli kam unter einem Felsblock zum Vorschein. Die offenbar serienmäßig hergestellten Schwerter sollen angeblich »strahlen-förmig" angeordnet gewesen sein. Heute sind nur noch zwölf Exemplare vorhanden, die als Ansammlung von Fehlgüssen interpretiert werden. Eines weist in Nähe der Griffplatte zwei große Vertiefungen auf, die durch beim Guss eingeschlossene Luftblasen entstanden. Die Klingen dieser Schwerter sind im Querschnitt asymmetrisch, weil ihre Mittelrippe jeweils gegen eine Schneide hin verschoben ist.

Aus der Mittelbronzezeit stammende Funde auf Alpenpässen verraten, dass die Menschen damals auch hochgelegene Regionen aufsuchten. So belegen die Entdeckung einer bronzenen Nadel auf dem Surenenpaß im Engelberger Tal bei Attinghausen (Kanton Uri) eine Begehung in 2300 Meter Höhe und der Fund von Bronzeobjekten auf dem Hannigpaß bei Grächen (Kanton Wallis) einen Aufenthalt in 2169 Metern. In etwa 1900 Metern kamen eine Dolchklinge an der Fundstelle Chringe bei Giswil (Kanton Obwalden) und ein Randleistenbeil mit Absatz an der Fundstelle Grimsel-Hospiz bei Guttannen (Kanton Bern) zum Vorschein.

In der Höhensiedlung »Bürg« bei Spiez (Kanton Bern) wurde ein 13 Zentimeter langer Trensenknebel aus Geweih von einem Pferdegeschirr gefunden. Der aus der Mittel-oder Spätbronzezeit stammende Fund beweist, dass man dort Pferde als Reittiere benutzte. Der Trensenknebel ist mit einem Vogelkopf verziert. In seine Öffnungen sind einst die Lederriemen des Mundstücks und des Kopfgeschirrs eingeknüpft worden.

Auf Tauschgeschäfte über große Entfernungen hinweg deuten Bernstein von der Ostsee, bronzene Absatzbeile aus Ostfrankreich sowie Schwerter aus Süddeutschland und vielleicht sogar aus Irland hin. Um ein Importstück aus Irland soll es sich bei dem im Murtensee (Kanton Freiburg) entdeckten Schwert handeln. Es ähnelt stark dem in Westerwanna in Norddeutschland gefundenen Einzelexemplar.

Die bronzenen Gewandnadeln hatten im ältesten Abschnitt der Hügelgräber-Kultur einen vierkantigen Schaft und einen scheibenförmigen Kopf, der oft mit einem Bogenornament verziert war. Solche Nadeln liegen aus dem Mittelland und dem Jura fast nur als Einzelfunde vor. Im zweiten Abschnitt setzten sich Gewandnadeln durch, wie sie im Gräberfeld von Weiningen (Kanton Zürich) zum Vorschein kamen. Man rechnet sie daher dem Horizont Weiningen zu. Für den dritten Abschnitt sind feingerippte Nadeln kennzeichnend. Eine Trompetenkopfnadel aus Aesch im Kanton Luzern ist beachtliche 28,5 Zentimeter lang.

Nach den Grabfunden in Weiningen zu schließen, schmückte man sich mit bronzenen Armspiralen mit

Spiralenden, massiven Armspangen, Fingerringen, Beinringen aus Bronzeblech, Halsketten mit Bronzespiralen und Bernsteinperlen als Anhängern, Glasperlen sowie Golddrahtspiralen. Die blaue Glasperle von Weiningen mit einem Durchmesser von einem Zentimeter ist das einzige mittelbronzezeitliche Schmuckstück dieser Art in der Schweiz.

Die bronzenen Armringe wurden meistens gegossen. Besonders beliebt waren schmale, mit Strichen verzierte Stücke mit spitzovalem oder rundem Querschnitt. Als Verzierungen brachte man zwischen Gruppen von Querstrichen fischgrätartige Muster an. Gedrehte (tordierte) Ringe zählten eher zu den Seltenheiten. In Mels[18] (Kanton Sankt Gallen) konnte ein Grab- oder Versteckfund von sechs bronzenen Armbandpaaren geborgen werden, von denen drei durchbrochen sind. Ihre Verzierungen bestehen aus eingepunzten Ornamenten.

Goldene Schmuckstücke galten offenbar als Kostbarkeiten. In einem Grab von Weiningen lagen vier Lockenspiralen aus Golddraht, in einem Grab von Cressier (Kanton Neuenburg) fand sich ein goldener Fingerring.

Die Bestattungssitten der Hügelgräber-Kultur in der Schweiz waren nicht einheitlich. Man hat die Verstorbenen teilweise unverbrannt, aber auch verbrannt unter Grabhügeln beerdigt.

Das mehrfach erwähnte Gräberfeld von Weiningen[19] umfasste ein halbes Dutzend flachgewölbte, über Körper- und Brandgräbern aufgeschüttete Hügel. In einem dieser Hügel wurden bei den Ausgrabungen acht rechteckige, parallel in zwei Reihen angeordnete Grabgruben freigelegt, die einst vielleicht Baumsärge enthielten. Mindestens zwei Grabgruben bargen mehrere Bestattungen. Im Gegensatz dazu gab es im Wallis keine Hügelgräber.

In Ollon (Le Lessus)[20] im Kanton Wallis wurde der in der Frühbronzezeit angelegte Friedhof auch in der Mittelbronzezeit weiter benutzt. Darauf weisen metallene Grabbeigaben hin.

Über den Kult der Hügelgräber-Leute in der Schweiz ist nur wenig bekannt. Die im Flussbett der Limmat in der Zürcher Gegend entdeckten Beil- und Dolch-klingen, Sicheln und Gewandnadeln werden unter-schiedlich interpretiert. Manche Prähistoriker deuten diese Hinterlassenschaften als Zeugnisse der Schifffahrt, eines Flussüberganges oder einer Opferstelle.

Auch die Einzelfunde von Waffen in großer Höhe bringt man mit dem damaligen Kult in Verbindung. Dazu zählen eine Schwertklinge von Mels (Kanton Sankt Gallen), ein Randleistenbeil von der Fundstelle Alp Grindel bei Schattenhalb (Kanton Bern) und ein Schaftlappenbeil von der Fundstelle Zismaegg bei Frutigen (Kanton Bern). Bei diesen Objekten könnte es sich um Opfergaben für Gottheiten handeln.

Geheimnisvolle Rituale sind auf der Anhöhe Eggli bei Spiez[21] im Kanton Bern abgehalten worden. Relikte dieser Zeremonien sind etwa 80.000 über eine Fläche von fast 20 Quadratmetern verstreute Keramikfragmente, die nach einer Schätzung des damals in Bern-Bümpliz arbeitenden Lehrers und Ausgräbers Hans Sarbach von etwa 800 zertrümmerten Tongefäßen stammen. Inmitten der größten Scherbenkonzentration ist immer wieder Blut in die Erde eingesickert oder Fleisch verbrannt worden. Außerdem kamen dort angebrannte Knochen von Haustieren zum Vorschein. Offenbar hat man an diesem Opferplatz Haustiere geschlachtet oder ihr in Tongefäßen gesammeltes Blut ausgegossen. Danach wurden die Fleischstücke verbrannt und die Tongefäße auf dem Kultplatz zerschlagen. Die Benutzung des Kultplatzes hielt bis zum Ende der Bronzezeit an.

JÜRG RAGETH,
geboren am 30. Dezember 1946 in Chur (Graubünden),
studierte in Zürich
bei Professor Dr. Emil Vogt (1906–1974).
Er ist Prähistoriker
und arbeitete seit 1973
beim Archäologischen Dienst Graubünden
in Chur und Haldenstein.
Sein Interesse gilt vor allem der Bronzezeit.
Von 1971 bis 1983 leitete er
die Ausgrabungen
auf dem bronzezeitlichen Siedlungsplatz Padnal
bei Savognin in Graubünden.
1986 schlugen Rageth und andere Archäologen
den Begriff Inneralpine Bronzezeit-Kultur vor.

Das Bergdorf
auf dem Padnal

Die Inneralpine Bronzezeit-Kultur
in der Mittelbronzezeit

In weiten Teilen Graubündens vermochte sich auch in der Mittelbronzezeit von etwa 1600 bis 1300/1200 v. Chr. die Inneralpine Bronzezeit-Kultur zu behaupten. Diese war möglicherweise zudem in Nordtirol, im südlichen Vorarlberg und sicherlich im Vintschgau (Südtirol) heimisch.

Verkohlte Holzreste auf dem Hügel Padnal bei Savognin im Oberhalbstein (Kanton Graubünden) stammen von Lärchen *(Larix)* und Fichten *(Picea abies)* sowie vereinzelt auch von Erle *(Alnus)*, Birke *(Betula betula)*, Arve *(Pinus cembra)* und Kernobst. Vor allem Lärchen hatten als Bauholz für eine Siedlung gedient, die durch ein Feuer zerstört wurde. Diese im Alpenraum sehr häufig vorkommende Nadelholzart lieferte besonders widerstandfähiges Baumaterial.

Die bisher entdeckten menschlichen Skelettreste sind nicht sehr aussagekräftig. Auf dem Padnal bei Savognin kam ein Unterkiefer zum Vorschein, welcher als Rest eines Menschen betrachtet wird, der bei einem Brand sein Leben verlor. Vom Gräberfeld auf dem Cresta Petschna bei Surin in Graubünden kennt man lediglich den Leichenbrand von Verstorbenen.

41

Rekonstruktion der Höhensiedlung
mit einer gezimmerten Zisterne
auf dem Padnal bei Savognin
im Oberhalbstein (Kanton Graubünden)
während der mittelbronzezeitlichen
Inneralpinen Bronzezeit-Kultur
(etwa 1600 bis 1300/1200 v. Chr.).
Zeichnung von Friederike Hilscher-Ehlert, Königswinter,
für das Buch »Deutschland in der Bronzezeit« (1996)
von Ernst Probst

Auch in Graubünden haben sich die Männer erstmals mit bronzenen Rasiermessern den Bart und die Kopfhaare geschnitten. Das ist durch Funde von jeweils einem Rasiermesser auf dem Padnal bei Savognin und auf dem Tummihügel bei Maladers belegt. Ersteres wird als Typ Padnal bezeichnet, letzteres als Typ Maladers.

Die Siedlungen waren teilweise auf den gleichen Anhöhen wie jene der Frühbronzezeit angelegt worden. Als Gründungsplätze dienten der Padnal bei Savognin[1], die Crestaulta bei Lumbrein-Surin[2], die Cresta bei Cazis[3], Caschligns bei Cunter[4], der Grepault bei Trun[5], Pleun da Buora bei Ruschein[6] und der Jörgenberg bei Waltensburg[7]. All diese Orte liegen im Kanton Graubünden.

Besonders viele Erkenntnisse erbrachten die Ausgrabungen der Siedlung auf dem Padnal bei Savognin. Dieses Bergdorf bestand aus drei Häuserzeilen. Die tiefergelegene Mittelzeile verlief durch eine Mulde, während die seitlichen Häuserzeilen leicht erhöht auf Terrassierungsmäuerchen am Muldenabhang errichtet worden waren. Wegen der Lage der Siedlung in der Mulde war der Bau von Gräben für das Abfließen von Regen- und Schmelzwasser erforderlich. Außerdem musste das humose Gehniveau zwischen den Häusern wiederholt mit Kies und Schotter stabilisiert werden.

Um die in der Mulde liegende Siedlung zu entwässern und um Regen- und Schmelzwasser zu speichern, zimmerten die Bewohner des Bergdorfes auf dem Padnal eine aufwendige Zisterne aus Lärchenholz. Dieses »Wasserreservoir« wurde in eine eigens dafür ausgehobene Grube von mindestens acht bis 10,50 Meter Durchmesser und 2,50 bis 3,50 Meter Tiefe eingelassen. Die Zisterne war mindestens 4,70 Meter lang, 2,90 Meter breit und ursprünglich wohl zwei Meter tief. Das darin gesammelte Wasser eignete sich wegen seiner Verschmutzung nicht zum Trinken. Trinkwasser lieferten zwei in der Nähe vorbeifließende Bäche.

Die Konstruktion der Zisterne ruhte auf vier massiven Schwellbalken. Auf den beiden Längsschwellen standen jeweils vier aufrechte Pfosten und auf den beiden Querschwellen je einer. Diese insgesamt zehn Pfosten ragten durch die Schwellbalken und hatten in Pfostenlöchern darunter Halt. Jedes Pfostenpaar auf den Längsschwellen war unter dem Niveau der Schwellbalken durch Querstreben miteinander verbunden. Auf den Längsschwellbalken lag einst ein Bretterboden mit 30 bis 40 Zentimeter breiten und drei bis 4,5 Zentimeter dicken Brettern, die miteinander im Falzverband standen. Auch die Seitenwände wurden durch bohlenartige Elemente gebildet. Man hatte sie in die aufrecht stehenden Pfosten eingenutet. Die Holzkonstruktion wurde mit Lehmpackungen abgedichtet. Sie spiegelt eindrucksvoll das Können der damaligen Zimmerer wider.

Der Hügel Crestaulta bei Surin hat wegen seiner besonders geschützten Lage Siedler angelockt. Seine Westflanke fällt felsig ab, und auch die übrigen Hänge sind sehr steil. Auf dem flachen Plateau kamen Grundrisse von Hütten zum Vorschein. Die Siedlung war vermutlich mit dicken Mauern am Plateaurand befestigt, die gleichzeitig als Stützmauern für eine künstliche Terrassierung des Geländes dienten. Die ehemaligen Bewohner hinterließen Keramikreste, Werkzeuge, Waffen und Schmuck. Zur Siedlung gehörte das Gräberfeld Cresta Petschna.

Nach einem ausgeklügelten Plan wurde offenbar auch die Siedlung auf der Hügelkuppe Cresta bei Cazis im Domleschg errichtet. Man hat sie nicht auf dem von Süden nach Norden verlaufenden Grat des Hügels erbaut, sondern in einer diesen der Länge nach durchschneidenden, leicht schrägen, etwa zehn Meter breiten Felsspalte als Reihensiedlung angelegt. Die Behausungen besaßen Grundrisse mit einer Fläche von etwa 20 bis zu 30 Quadratmetern und verfügten in der Mitte über eine Herdstelle aus Steinplatten. Der Zugang zu den Häusern erfolgte auf der Westseite über einen schmalen Weg zwischen Häuserfront und Felswand.

Interessante Erkenntnisse ergaben sich außerdem auf dem Hügel Caschligns bei Cunter. Dort wurden Spuren eines Holzbaues festgestellt, der einem Feuer zum Opfer fiel. Von dem Gebäude zeugen 18 Pfostenlöcher mit einem Durchmesser von bis zu 50 Zentimetern, die mit Steinen umstellt und bis zu 80 Zentimeter tief in den Boden eingelassen wurden.

Vom steilen Hügelkamm Pleun da Buora bei Ruschein sind Hausgrundrisse, Keramikscherben und eine Bronzenadel bekannt. Auf dem Felskopf Grepault bei Trun und auf dem Geländesporn Jörgenberg belegen Keramikreste die Anwesenheit von Siedlern.

In die Übergangsphase zwischen Mittel- und Spät-bronzezeit wird ein durch einen Brand zerstörtes Haus auf Motta Vallac bei Salouf[8] in Graubünden datiert. Auf den einplanierten Resten entstand ein Nachfolgebau von etwa sieben Meter Länge und fünf Meter Breite. Der Grundriss ließ sich anhand dreier Reihen von Pfosten-löchern rekonstruieren, die teilweise in den Felsboden gehauen oder in die Auffüllschicht eingetieft und mit Verkeilsteinen ausgekleidet wurden.

Als Jagdunterschlupf gilt das etwa 50 Meter lange und teilweise bis zu sieben Meter überragende Felsdach etwa 250 Meter nordöstlich der ehemaligen Einmündung der Ova Spin in den Spöl bei Zernez[9] (Graubünden). Dort wurden bei Ausgrabungen neun übereinan-derliegende Kohlelagen freigelegt, die sich in fünf von-einander getrennte Schichtengruppen aufteilen lassen.

Eine der Schichtengruppen enthielt Knochen vom Rind, der Gemse *(Rupicapra rupicapra)*, anderer Wiederkäuer, des Schweins, kleiner Raubtiere sowie von Nagetieren und Vögeln. Außerdem fand man Keramikfragmente, bearbeitete Knochenspitzen, Koch- und Mahlsteine sowie zwei vermutlich zusammenhängende Feuerstellen mit Steinsetzung. Eine andere Schicht enthielt viele Knochensplitter mit zahlreichen Schlagspuren, mehrere Zapfen vom Gehörn eines Steinbocks *(Capra ibex)*, zwei feingeschliffene Knochenahlen, ortsfremde Steine und eine Feuerstelle mit Steinsetzung.

Wichtiger als gelegentliche Jagdausflüge waren für die damaligen Menschen jedoch Ackerbau und Viehzucht. Dies zeigt die siebte Schicht von der Jägerstation, die sich aus Knochen der Haustiere Schaf, Rind, Schwein und Hund zusammensetzte. Reste von Rind und Schaf, der Ziege sowie vom Hund konnten auch in der erwähnten Siedlung auf dem Padnal bei Savognin geborgen werden.

Ackerbau wird durch Reste von verkohltem Getreide in der Siedlung auf dem Padnal belegt. Es befand sich im Fragment eines tönernen Vorratsgefäßes, das bei der Brandkatastrophe in einem Gebäude stand und in Stücke zersprang. Belegt sind Spelzgerste *(Hordeum vulgare)*, Weizen *(Triticum)*, Einkorn *(Triticum monococcum)*, Emmer *(Triticum dicoccon)*, eventuell auch Hafer *(Avena)*, und Erbsen *(Pisum sativum)*. Von der Motatta bei Ramosch im Unterengadin (Graubünden) kennt man einen verzierten Sichelgriff aus Hirschgeweih.

Steinerne Gussformen aus den Höhensiedlungen von Caschligns bei Cunter und auf dem Padnal bei Savognin beweisen, dass dort ansässige Metallhandwerker bronzene Erzeugnisse herstellen konnten. Caschligns liegt nur etwa acht Kilometer vom erzführenden Alpengebiet Colm da Bovs im Val d'Err entfernt.

Die Form von Caschligns eignete sich zum Guss eines 19 Zentimeter langen Schaftlappenbeiles. Mit einer auf dem Padnal geborgenen Gussform konnten zwei verschiedene Geräte unbekannter Funktion hergestellt werden, mit der anderen ließ sich ein Rasiermesser vom Typ Padnal gießen, von dem ein zehn Zentimeter langes Exemplar gefunden wurde.

Auf dem Padnal kamen außer den beiden Gussformen auch kleine Bronzetropfen und Schlacken zum Vorschein. Dabei handelt es sich um Rückstände, die beim Ausschmelzen von Kupfer aus kupferhaltigem Gestein im Verhüttungsofen anfielen.

Neben bronzenen Geräten schätzte man weiterhin solche aus Stein, Knochen oder Geweih. Anhaltspunkte hierfür lieferten zahlreiche Stein- und Knochenartefakte auf dem Padnal, ein 19 Zentimeter langer Rührstein von Caschligns mit einseitig durch Birkenpech geschwärztem Endstück, die Knochenspitzen von der Jägerstation bei Zernez und der Geweihgriff einer Sichel von der Mottata. Dass manche Pfeilspitzen aus Knochen geschnitzt wurden, veranschaulicht ein Fund am Südfuß des Kieshügels Spundas aus Scharans in Graubünden. Welchen Schmuck die Frauen trugen, zeigen die Beigaben aus dem Gräberfeld auf dem Cresta Petschna bei Surin. Es sind bronzene Doppelflügelnadeln vom Typ Lumbrein, einfache Rollenkopf-, Kegelkopf- und Pilzkopfnadeln, Stachelscheiben, Spiralanhänger und Armringe. Der Typ Lumbrein ist nach dem Fundort Lumbrein im Kanton Graubünden bezeichnet. Allein das Grab 9 enthielt außer einem Spiralanhänger und zwei Stachelscheiben insgesamt elf verschiedene Nadeln.

Die an der Fundstelle Rimspitschen in der Gemeinde Santa Maria im Münstertal (Graubünden) in 2400 Meter Höhe entdeckte bronzene Nadel ist 28,5 Zentimeter lang. Von Tauschgeschäften zeugen mehrere Bernsteinperlen auf dem Padnal, die aus dem Ostseegebiet stammen könnten.

Ein Gräberfeld der mittelbronzezeitlichen Inneralpinen

Bronzezeit-Kultur wurde auf dem Cresta Petschna bei Surin freigelegt. In diesem Friedhof sind die auf dem Scheiterhaufen verbrannten Reste von mindestens elf Menschen – vorwiegend Frauen im festlichen Ornat – bestattet worden. Ihre Bronzebeigaben sind meistens im Feuer geschmolzen.

Als Sachopfer gelten zwei vollständige Schwerter und das Bruchstück eines dritten, ein Dolch mit abgebrochenem Griff und eine Rippennadel, die 1775 Meter über dem Meeresspiegel in der Fassung der Mauritiusquelle von Sankt Moritz[10] im Kanton Graubünden geborgen werden konnten. Diese Bronzeobjekte fanden sich am Fuß der größeren von zwei Holzröhren und stammen teilweise aus der sich dem Ende zuneigenden Mittelbronze- sowie aus der beginnenden Spätbronzezeit. Sie werden als die ältesten Nachweise hinsichtlich der Nutzung von Wasser zu Heilzwecken erachtet.

Nach Ansicht der Zürcher Archäologin Calista Fischer dürfte das mit einer Temperatur von etwa fünf bis sechs Grad Celsius aus dem Boden sprudelnde kühle Wasser der Mauritiusquelle wohl kaum zum Baden verlockt haben. Sie glaubt, das kohlesäurehaltige Wasser sei hauptsächlich getrunken worden, wobei das perlende und im Gaumen kribbelnde Nass eigenartig und lebendig auf die Trinker wirkte.

Bei den Bronzeobjekten in der Mauritiusquelle handelte es sich nach Auffassung von Frau Fischer nicht um ein Bauopfer, mit dem man die durch die Fassung der Quelle erzürnte Quellgottheit besänftigen wollte. Dagegen sprechen das unterschiedliche Alter der geweihten Gegenstände zwischen 1400 und 1250 v. Chr. und die unterschiedliche Herkunft der Weihegaben. Die Gegenstände wurden wohl von weither gewanderten vornehmen Personen oder Gruppen der Quelle übergeben, um ihr auf diese Weise für die Heilung oder für ein anderweitig gelungenes Unternehmen zu danken.

Auf die Mauritiusquelle waren die Bronzezeitmenschen durch feuchte Stellen und austretendes Wasser im Gelände aufmerksam geworden. Sie hoben zunächst im Bereich des Quellaustrittes eine etwa vier Meter lange, drei Meter breite und 1,80 Meter tiefe Grube aus und errichteten darin einen viereckigen hölzernen Rahmen aus schlanken, runden Arvenstämmen, die in Blockbautechnik miteinander verbunden wurden.

Den ersten Rahmen ergänzte man innen durch einen zweiten, der aus rechteckigen Arvenholzplanken bestand. In diesen inneren Rahmen wurde ein Rohr aus einem ausgehöhlten Arvenstamm gestellt, um das Wasser zu sammeln. Später hat man ein zweites Rohr hinzugefügt. Damit das Wasser nicht die Ritzen der Spundwände durch-ödrang und versickerte, strich man sämtliche Zwi-schenräume sauber mit Lehm aus. Erst danach stieg der Wasserspiegel innerhalb der beiden Rahmen an. Die Quellfassung ist heute im Museum Engiadinais in Sankt Moritz ausgestellt.

Einige Prähistoriker definieren auch die Waffenfunde auf Alpenpässen in größer Höhe als Opfergaben. Zu dieser Kategorie von Funden aus Graubünden gehören die Dolchklinge von der Fundstelle Palü Lunga/

Alp Discholas bei Ramosch in etwa 1700 bis 1900 Meter Höhe sowie je ein Schaftlappenbeil von Poschiavo in ungefähr 2100 Meter Höhe und von der Fundstelle Chantarella bei Sankt Moritz in etwa 2005 Meter Höhe.

Anmerkungen

Die Mittelbronzezeit in der Schweiz
1] Die Zusammenstellung dieser Übersicht über die Verbreitung und Zeitdauer von Kulturen der Mittelbronzezeit entstand mit Hilfe der deutschen Prähistorikerin Dr. Gretel Gallay (heute Callesen) aus Nidderau (Hessen) und des schweizerischen Prähistorikers Jürg Rageth vom Archäologischen Dienst Graubünden, Haldenstein.

Die Hügelgräber-Kultur
1] Das Felsdach Chinechäle an der Gsäßfluh wurde 1933 untersucht.
2] Die Siedlungsreste von Basel (Hechtliacker) kamen um 1870 beim Straßenbau zum Vorschein.
3] Die Kulturschicht von Wenslingen (Egg) wurde 1942 bei Drainagearbeiten durch den Kunstmaler Fritz Pümpin (1901–1972) aus Gelterkinden entdeckt. Der Zürcher Prähistoriker Emil Vogt (1906–1974) nahm eine Grabung vor.
4] Die Flachlandsiedlung Zürich-Affoltern (Reckenholz) wurde 1951 bei der Sondage durch die Landwirtschaftliche Versuchsanstalt entdeckt.
5] Auf die Siedlungsreste von Murten stieß im Herbst 1986 der Prähistoriker Timothy Justice Anderson aus Texas bei Sondierungen im Bereich einer geplanten Zufahrtsrampe für die Nationalstraße N 1.

6] Die Siedlungsspuren von Rances wurden Mitte der 1970-er Jahre vom Département d'Anthropologie der Universität Genf ausgegraben.

7] Am Fundort »Uf Wigg« bei Zeiningen hat der Lehrer Werner Brogli aus Möhlin im Frühjahr 1974 auf einem Acker eine Anzahl prähistorischer Keramikscherben und Kochsteine entdeckt. Es folgten eine kleine Sondiergrabung im Februar 1974 und eine systematische Untersuchung, die – mit Unterbrechungen – bis zum Herbst 1977 dauerte.

8] Auf der Anhöhe »Eggli« bei Spiez wurde von dem Lehrer David Andrist (1886–1960) aus Pieterlen ein Opferplatz entdeckt. 1954 bis 1958 erfolgten dort Sondierungen.

9] Die Fundstelle Sembrancher (Crettaz-Polet) wurde von 1983 bis 1986 vom Département d'Anthropologie der Universität Genf untersucht.

10] Auf der Felskuppe Kasteltschuggen bei Zeneggen entdeckte im Sommer 1955 eine Schulklasse aus Basel Scherben von bronzezeitlichen Gefäßen. Von 1953 bis 1963 erfolgten Ausgrabungen durch die Zürcher Prähistoriker Johannes Senti und Johannes Degen.

11] Auf dem Vorplatz der Höhle Zwergiloch bei Oberwil im Simmental hat von September bis Oktober 1930 der Berner Prähistoriker Otto Tschumi (1878–1960) gegraben. Er war ab 1911 – als Nachfolger von Jakob Wiedmer-Stern (1876–1928) – Leiter der Archäologischen Abteilung des Bernischen Historischen Museums, Bern, ab 1919 Dozent und ab 1924 außerordentlicher Professor an der Universität Bern.

12] Die Fundumstände und das Fundjahr des Depots von Meikirch sind unbekannt. Das Depot wurde bereits 1855 von dem Berner Altertumsforscher Gustav von Bonstetten (1816–1892) erwähnt.

13] Das Depot beim Hinzihöfli von Grenchen wurde 1865– fünf Meter von einer Quelle entfernt – entdeckt. 1946 nahm die Museumsgesellschaft Grenchen eine Sondierung an diesem Fundort vor, um festzustellen, ob es sich um einen Quellfund oder um Reste einer Gießereiwerkstatt handelt.

14] Das Depot von Villars-le-Comte wurde 1945 von dem Landwirt Robert Pidoux entdeckt, als er in einem kleinen Moor eine Drainage legte, dabei auf eine Holzlage unter Torf stieß und beim Herausziehen eines Holzstückes die Bronzeobjekte fand.

15] Die Gießereidepots von Ollon wurden 1887 entdeckt.

16] Das Depot von Allschwil wurde im Juni 1951 auf dem Gelände der Aktienziegelei ausgebaggert.

17] Das Depot von Oberillau bei Lieli wurde 1861 gefunden.

18] Die sechs bronzenen Armbandpaare aus Mels sind aus dem Nachlass von Johann Anton Natsch (1829–1879) nach Sankt Gallen gelangt.

19] Die Grabhügel von Weiningen wurden 1946 und 1950 durch Emil Vogt (s. Anm. 3) untersucht.

20] Die ersten Funde aus Ollon (Le Lessus) kamen bei Arbeiten in einem Steinbruch zum Vorschein, in dem schwarzer Kalkstein des Hügels von Lessus abgebaut

wurde. 1899 nahm der Architekt und Prähistoriker Albert Naef (1862–1934) aus Lausanne Ausgrabungen vor. Während der Jahrzehnte um 1900 trug der damalige Steinbruchbesitzer Pousaz-Gaud Funde zusammen. Zwischen 1958 und 1960 grub der Lehrer und Prähistoriker Olivier-Jean Bocksberger (1925–1970) aus Sitten dort, 1972 die Abteilung für Denkmalschutz und Archäologie des Kantons Waadt unter Leitung des Prähistorikers Denis Weidmann und 1979 der Prähistoriker Gilbert Kaenel aus Lausanne. Auf dem Hügel von Lessus und auf dem benachbarten Hügel von Ollon (Charpigny) wurden Gräber aus der Früh-, Mittel- und Spätbronzezeit gefunden.
21] s. Anm. 8

Die Inneralpine Bronzezeit-Kultur
in der Mittelbronzezeit
1] Auf dem Padnal bei Savognin wurden 1947 und 1953 beim Kiesabbau prähistorische Siedlungsreste entdeckt. Der Name Padnal heißt befestigter Platz. Der Lehrer und Heimatforscher Benedikt Frei (1904– 1975) aus Mels sowie der Lehrer Bonifazius Josef Plaz (1906–1961) aus Savognin nahmen erste Sondierungen vor. Von 1971 bis 1983 wurde der Fundplatz durch den Archäologischen Dienst Graubünden untersucht.
2] Die Höhensiedlung auf der Crestaulta wurde 1938 durch den Oberförster und Heimatforscher Walo Burkart (1887–1952) aus Chur untersucht.
3] Auf der Cresta bei Cazis entdeckte 1942 Walo Burkart (s. Anm. 2) Siedlungsspuren. Er grub dort 1943/44

sowie von 1947 bis 1970. Die Siedlungsstelle wurde durch das Schweizerische Landesmuseum, Zürich, unter Leitung des Prähistorikers Emil Vogt (1906–1974) untersucht.

4] Auf Caschligns bei Cunter stellte 1942 Walo Burkart (s. Anm. 2) Spuren bronzezeitlicher Bauten fest. Bei den Grabungen von 1944 bis 1946 hat Burkart zwei Phasen der spätesten Mittelbronzezeit beziehungsweise der Spätbronzezeit erkannt.

5] Die Höhensiedlung auf dem Grepault bei Trun wurde 1931 und 1934 durch Walo Burkart (s. Anm. 2), 1955 durch den Kaminfegermeister Tobias Deflorin (1903– 1977) aus Trun, 1957 durch den Pfarrer, Mittelschullehrer und nebenamtlichen Konservator Hercli Bertogg aus Chur (1903–1958) und 1959/60 durch den Prähistoriker Hans Erb (1910–1986) aus Chur erforscht.

6] Auf Pleun da Buora bei Ruschein hat 1965 das Rätische Museum, Chur, eine kleine Flächengrabung vorgenommen, die im Zusammenhang mit dem Bau eines Waldweges durchgeführt wurde.

7] Auf dem Jörgenberg bei Waltensburg nahmen 1935 und 1947 Walo Burkart (s. Anm. 2) und 1954 Tobias Deflorin Sondierungen vor.

8] Die Höhensiedlung auf Motta Vallac bei Salouf wurde von Walo Burkart (s. Anm. 2) entdeckt und 1941 sowie 1945/46 von ihm untersucht. Der Begriff Motta heißt zu deutsch Hügel. 1972 nahm der Prähistoriker René Wyss vom Schweizerischen Landesmuseum, Zürich, eine Probegrabung vor.

9] Das Felsdach nordöstlich der Einmündung der Ova Spin in den Spöl bei Zernez wurde 1931/32 durch den Brauereibesitzer und Heimatforscher Riet Campell (1866–1951) aus Celerina/Schlarigna sowie dessen Sohn, den Forstingenieur Eduard Campell aus Bever, untersucht.

10] Die bronzezeitliche Quellfassung von Sankt Moritz wurde 1907 bei Erneuerungsarbeiten an der Mauritiusquelle entdeckt.

Literatur

Die Mittelbronzezeit in der Schweiz
BOCKSBERGER, Olivier-Jean: Age du Bronze en Valais et dans le Chablais vaudois, Lausanne 1964
MILLOTTE, Jacques Pierre: Le Jura et les Plaines de la Saône aux ages des métaux, Paris 1963
OSTERWALDER, Christin: Die mittlere Bronzezeit im schweizerischen Mittelland und Jura. Monographien zur Ur- und Frühgeschichte der Schweiz, Band 19, Basel 1971

Die Hügelgräber-Bronzezeit
BAUER, Irmgard / FORT-LINKSFEILER, Daniela / RUCKSTUHL, Beatrice / HASENFRATZ, Albin / HAUSER, Claire / MATTER, Annamaria: Bronzezeitliche Landsiedlungen und Gräber. Berichte der Zürcher Denkmalpflege, Band 11, Zürich 1992
BILL, Jakob: Das Schwertdepot von Oberillau. Helvetia Archaeologica, Jahrgang 15, Heft 57/60, S. 25–32, Zürich 1984
BROGLI, Werner: Die bronzezeitliche Fundstelle »Uf Wigg« bei Zeiningen AG. Jahrbuch der Schweizerischen Gesellschaft für Ur- und Frühgeschichte, Band 63, S. 77–91, Basel 1980

FREI, Benedikt: Durchbrochene Armbänder der Hügelgräberbronzezeit. Germania, Jahrgang 33, Heft 4, S. 324– Frankfurt/Main 1955

GRAF, Markus: Ein mittelbronzezeitliches Kriegergrab aus Rafz im Kanton Zürich. Archäologie der Schweiz, Band 16, Heft 1, S. 12–16, Basel 1993

MÜLLER, Felix: Ein mittelbronzezeitlicher Hortfund aus Allschwil BL. Archäologie der Schweiz, Band 5, Heft 3, S. 170–177, Basel 1982

MÜLLER, Felix: Ein keltisches Oppidum auf der Sissacher Fluh? Archäologie der Schweiz, Band 8, Heft 2, S. 73– 79, Basel 1985

MÜLLER-BECK, Hansjürgen: Ein westeuropäisches Vollgriffschwert aus Thun (Berner Oberland). Germania, Jahrgang 37, Heft 1–4, S. 90–95, Frankfurt/Main 1959

OSTERWALDER, Christin: Die mittlere Bronzezeit im Mittelland und Jura. Aus: Ur- und frühgeschichtliche Archäologie der Schweiz, Band 3, S. 27–40, Basel 1971

RUDIN-LALONDE, Kurt: Pratteln BL – Meierhofweg. Eine Fundstelle der Mittelbronze- und der Spätlatènezeit. Archäologie der Schweiz, Band 8, Heft 2, S. 58–61, Basel 1985

SCHAUER, Peter: Die Schwerter in Süddeutschland, Österreich und der Schweiz I. Prähistorische Bronzefunde IV, Band 2, München 1971

VOGT, Emil: Die Sissacherfluh (Sissach, Baselland). Jahrbuch der Schweizerischen Gesellschaft für Urgeschichte, Band 28, S. 20–23, Frauenfeld 1936

VOGT, Emil: Die bronzezeitlichen Grabhügel von Weiningen (Kt. Zürich). Zeitschrift für schweizerische Archäologie und Kunst, Band 10, S. 28–42, Zürich 1948/49

VOGT, Emil: Die mittlere Bronzezeit in der Schweiz. Aus: DRACK, Walter (Herausgeber): Die Bronzezeit in der Schweiz. Repertorium der Ur- und Frühgeschichte der Schweiz, S. 11–16, Zürich 1956

WYSS, René: Siedlungswesen und Verkehrswege. Ur- und frühgeschichtliche Archäologie der Schweiz, Band III, Die Bronzezeit, S. 103–122, Zürich 1971

WYSS, René: Technik, Wirtschaft, Handel. Ur- und frühgeschichtliche Archäologie der Schweiz, Band III, Die Bronzezeit, S. 123–144, Zürich 1971

Die Inneralpine Bronzezeit in der Mittelbronzezeit

BISCHOF, Nicolin: Oberingenieur Hans Conrad zum Gedenken. Bündner Monatsblatt, S. 246–248, Chur 1961

BURKART, Walo: Bronzezeitliche Mahlsteine von Mutta/Fellers und Cresta/Cazis (Kanton Graubünden). Jahrbuch der Schweizerischen Gesellschaft für Urgeschichte, Band 35, S. 136–139, Frauenfeld 1944

BURKART, Walo: Crestaulta. Eine bronzezeitliche Hügelsiedlung bei Surin im Lugnez. Monographien zur Urund Frühgeschichte der Schweiz, Band 5, Basel 1946

BURKART, Walo: Die Grabstätten der Crestaulta-Siedler. Ur-Schweiz, Jahrgang 12, Nr. 2, S. 5–9, Basel 1948

BURKART, Walo: Die bronzezeitliche Teilnekropole am Cresta Petschna. Ur-Schweiz, Jahrgang 13, Nr. 3, S. 33– 39, Basel 1949

CONRAD, Hans: Die urgeschichtliche Siedlung von Mottata im Unterengadin. Bündner Jahrbuch, S. 99– 104, Chur 1961

FISCHER, Calista: Das Geheimnis der Mauritiusquelle. Aus: Die Bronzezeit, das erste goldene Zeit-alter Europas. Europäisches Erbe, Nr. 2, S. 18–20, Straßburg 1994

HEIERLI, Jakob: Die bronzezeitliche Quellfassung von St. Moritz. Anzeiger für Schweizerische Alter-tumskunde, Band 9, S. 265–278, Zürich 1907

NAULI, Silvester: Eine bronzezeitliche Anlage in Cunter/ Caschlings. Helvetia Archaeologica, Jahrgang 8, Heft 29/30, S. 25–34, Zürich 1977

NAULI, Silvester: Zur Urgeschichte und römischen Epoche im Engadin. Aus: CONRAD, Hans: Schriften zur urgeschichtlichen und römischen Besiedlung des Engadins, S. 57–61, Lavin/Pontresina 1981

NAULI, Silvester / RAGETH, Jürg: Katalog der ur-geschichtlichen und römischen Fundstellen im Enga-din und Münstertal. Aus: CONRAD, Hans: Schriften zur urgeschichtlichen und römischen Besiedlung des Engadins, S. 115–134, Lavin/Pontresina 1981

RAGETH, Jürg: Die bronzezeitliche Siedlung auf dem Padnal bei Savognin. Helvetia Archaeologica, Jahrgang 8, Heft 29/30, S. 12–24, Zürich 1977

RAGETH, Jürg: Die bronzezeitliche Siedlung auf dem Padnal bei Savognin (Oberhalbstein, GR). Grabung 1973. Jahrbuch der Schweizerischen Gesellschaft für Ur- und Frühgeschichte, Band 60, S. 43–101, Basel 1977

RAGETH, Jürg: Die bronzezeitliche Siedlung auf dem Padnal bei Savognin (Oberhalbstein, GR). Grabung 1974. Jahrbuch der Schweizerischen Gesellschaft für Ur- und Frühgeschichte, Band 61, S. 7–63, Basel 1978

RAGETH, Jürg: Die bronzezeitliche Siedlung auf dem Padnal bei Savognin (Oberhalbstein, GR). Grabung 1975. Jahrbuch der Schweizerischen Gesellschaft für Ur- und Frühgeschichte, Band 62, S. 29–76, Basel 1979

RAGETH, Jürg: Die bronzezeitliche Siedlung auf dem Padnal bei Savognin (Oberhalbstein, GR). Grabungen 1981 und 1982. Jahrbuch der Schweizerischen Gesellschaft für Ur- und Frühgeschichte, Band 68, S. 65–122, Basel 1985

RAGETH, Jürg: Eine bronzezeitliche Zisterne bei Savognin. Helvetia Archaeologica, Jahrgang 16, Heft 63/64, S. 81–90, Zürich 1985

RAGETH, Jürg: Die wichtigsten Resultate der Ausgrabungen in der bronzezeitlichen Siedlung auf dem Padnal bei Savognin (Oberhalbstein GR). Jahrbuch der

Schweizerischen Gesellschaft für Ur- und Frühgeschichte, Band 69, S. 63–103, Basel 1986

WYSS, René: Die Eroberung der Alpen durch den Bronzezeitmenschen. Zeitschrift für Schweizerische Archäologie und Kunstgeschichte, Band 28, S. 130–145, Zürich 1971

WYSS, René: Motta Vallac, eine bronzezeitliche Höhensiedlung im Oberhalbstein. Helvetia Archaeologica, Jahrgang 8, Heft 29/30, S. 35–55, Zürich 1977

WYSS, René: Prähistorische Kupfererzgewinnung in den Schweizer Alpen. Zeitschrift für Schweizerische Archäologie und Kunstgeschichte, Band 50, S. 195–212, Zürich 1993

ZINDEL, Christian: Zwei frühe Rasiermesser aus Graubünden. Archäologie der Schweiz, Band 2, Heft 2, S. 78– 80, Basel 1979

ZÜRCHER, Andreas: Funde der Bronzezeit aus St. Moritz. Helvetia Archaeologica, Jahrgang 3, Heft 9, S. 21–28, Zürich 1972

Bildquellen

Klaus Benz, Fotograf, Mainz-Laubenheim: 71
Reproduktionen von Fotos aus dem Buch »Deutschland
in der Bronzezeit« (1996) von Ernst Probst: 40 (Dr.
Jürg Rageth, Archäologischer Dienst Graubünden,
Haldenstein), 14 (Römisch-Germanisches Zentralmu-
seum, Mainz)
Friederike Hilscher-Ehlert, Königswinter: 69
Reproduktionen von Karten aus dem Buch »Deutsch-
land in der Bronzezeit" (1996) von Ernst Probst: 16
(Rainer Veit, Mainz, nach Angaben von Dr. Jürg Rageth,
Archäologischer Dienst Graubünden, Haldenstein)
Reproduktionen von Zeichnungen aus dem Buch
„Deutschland in der Bronzezeit« (1996) von Ernst
Probst: 8 (Reproduktion aus Rudolf Feustel: Bronze-
zeitliche Hügelgräber-Kultur im Gebiet von Schwarza
(Südthüringen). Veröffentlichungen des Museums für
Ur- und Frühgeschichte Thüringens, Band 1, Weimar
1958), 6 (Reproduktion aus Georg Kraft: Die Kultur
der Bronzezeit in Süddeutschland, Augsburg 1926), 12
(Rekonstruktion aus Karl Schumacher: Handbücher des
römisch-germanischen Central-Museums Mainz, Nr. 1.
Siedelungs und Kulturgeschichte der Rheinlande von
der Urzeit bis in das Mittelalter, I. Band: Die Vor-
römische Zeit, Tafel, 20, Mainz 1921), 11 (Reproduktion
aus Jorn Street-Jensen: Christian Jürgensen Thomsen
und Ludwig Lindenschmit: Eine Gelehrtenkorres-

pondenz aus der Frühzeit der Altertumskunde (1853–
1964), Mainz 1985), 28 (Reproduktion aus René Wyss:
Technik, Wirtschaft, Handel. Ur- und frühgeschichtliche
Archäologie der Schweiz, Band III, Die Bronzezeit, S.
135, Abb. 17, Fig. 4, Basel 1971), 23, 25 (Rekon-
struktionen historischer Trachtenrekonstruktionen des
Münchner Historienmalers und Altertumsforschers
Julius Naue, Foto: Prähistorische Staatssammlung,
München)

Zeichnungen von Friederike Hilscher-Ehlert für das
Buch »Deutschland in der Bronzezeit« (1996) von Ernst
Probst: 1, 18, 19, 20, 42

Die wissenschaftliche Graphikerin Friederike Hilscher-Ehlert

Friederike Hilscher-Ehlert wurde am 13. Dezember 1946 in Hamburg geboren. Sie absolvierte eine Ausbildung sowie ein Studium in den Fächern Kostümbild und Bühnenbild. Danach war sie mehrere Jahre lang an der Bühne tätig. Auf dem zweiten Berufsweg wurde sie wissenschaftliche Graphikerin mit dem Schwerpunkt Archäologie und arbeitete am Rheinischen Landesmuseum Bonn. Ihre Fachgebiete waren Restaurierung, Archäo-Botanik, Wissenschafts-Publikationen, Amtshilfe bei externen Projekten und Ausstellungskonzeption. Mit Lebensbildern von Menschen aus vergangenen Zeiten machte sie sich bereits einen Namen, als solche Kunstwerke in ihrer Heimat noch Seltenheiten waren. Das erste Buch, in dem Zeichnungen von Friederike Hilscher-Ehlert abgebildet wurden, heißt »Report aus der Römerzeit« (1989). In den frühen 1990-er Jahren schuf sie zahlreiche Lebensbilder für das Buch »Deutschland in der Bronzezeit« (1996) des Wiesbadener Wissenschaftsautors Ernst Probst. Großformatige Lebensbilder aus ihrer Hand schmücken die Werke »Die Römer« (1999), »Die Steinzeitler« (2003), »Die Kelten" (2003) und »Die Franken« (2003) in der vom Rheinischen Landesmuseum Bonn herausgegebenen Reihe »Lebendige Vergangenheit«. Im Geleitwort schrieb Professor Dr. Hans-Eckart Joachim: »Die Zeichnerin Friederike Hilscher-Ehlert verbindet wissenschaftlich abgesicherte, akribische Prägnanz mit virtuosem unverkennbaren Personalstil, der der Phantasie und Entdeckerfreude Raum lässt. So entstehen Bilder, in denen uns Menschen und Menschengemachtes der Vergangenheit entgegentreten, längst verwischte Spuren sichtbar werden.« Zeichnungen von ihr erschienen außer in Büchern auch in wissenschaftlichen Zeitschriften und man sah sie in Ausstellungen von Museen oder auf zahlreichen farbprächtigen Ansichtskarten. Friederike Hilscher-Ehlert betont: »Archäologische Illustration ist heute in keinem Museum und in keiner fundierten Fachpublikation mehr entbehrlich. Es ist mir eine Freude Wegbereiterin dieser Art Graphik in Deutschland gewesen zu sein.«

Der Autor Ernst Probst

Ernst Probst, geboren am 20. Januar 1946 in Neunburg vorm Wald im bayerischen Regierungsbezirk Oberpfalz, ist Journalist und Wissenschaftsautor. Er arbeitete von 1968 bis 1971 als Redakteur bei den »Nürnberger Nachrichten«, von 1971 bis 1973 in der Zentralredaktion des »Ring Nordbayerischer Tageszeitungen« in Bayreuth und von 1973 bis 2001 bei der »Allgemeinen Zeitung«, Mainz. In seiner Freizeit schrieb er Artikel für die »Frankfurter Allgemeine Zeitung«, »Süddeutsche Zeitung«, »Die Welt«, »Frankfurter Rundschau«, »Neue Zürcher Zeitung«, »Tages-Anzeiger«, Zürich, »Salzburger Nachrichten«, »Die Zeit", »Rheinischer Merkur«, »Deutsches Allgemeines Sonntagsblatt«, »bild der wissenschaft«, »kosmos«, »Deutsche Presse-

Agentur« (dpa), »Associated Press« (AP) und den »Deutschen Forschungsdienst« (df). Aus seiner Feder stammen die Bücher »Deutschland in der Urzeit« (1986), »Deutschland in der Steinzeit« (1991), »Rekorde der Urzeit« (1992), »Dinosaurier in Deutschland« (1993 zusammen mit Raymund Windolf) und »Deutschland in der Bronzezeit« (1996). Von 2001 bis 2006 betätigte sich Ernst Probst als Buchverleger sowie zeitweise als internationaler Fossilienhändler und Antiquitätenhändler. Insgesamt veröffentlichte er mehr als 100 Bücher, Taschenbücher, Broschüren und E-Books.

Bücher von Ernst Probst

Affenmenschen
Von Bigfoot bis zum Yeti

Annie Oakley
Die Meisterschützin des Wilden Westens

Archaeopteryx. Der Urvogel aus Bayern

Christl-Marie Schultes. Die erste Fliegerin in Bayern
(zusammen mit Theo Lederer)

Cortés und Malinche. Der spanische Eroberer
und seine indianische Geliebte

Das Dinotherium-Museum Eppelsheim
Führer durch die Ausstellung
(zusammen mit Dr. Jens Lorenz Franzen
und Heiner Roos)

Der Europäische Jaguar

Der Mosbacher Löwe
Die riesige Raubkatze aus Wiesbaden

Der Rhein-Elefant
Das Schreckenstier von Eppelsheim

Der Schwarze Peter
Ein Räuber im Hunsrück und Odenwald

Der Ur-Rhein
Rheinhessen vor zehn Millionen Jahren

Deutschland im Eiszeitalter

Die Dolchzahnkatze *Megantereon*

Die Bronzezeit

Die Aunjetitzer Kultur

Die Straubinger Kultur

Die Adlerberg-Kultur

Die nordische Bronzezeit

Die Hügelgräber-Kultur

Die Lüneburger Gruppe in der Bronzezeit

Die Stader Gruppe in der Bronzezeit

Die Urnenfelder-Kultur

Die Lausitzer Kultur

Die Dolchzahnkatze *Smilodon*

Die Säbelzahnkatze *Machairodus*

Die Säbelzahnkatze *Homotherium*

Dinosaurier in Deutschland. Vom *Efraasia*
bis zu *Sellosaurus*

Dinosaurier von A bis K. Von *Abelisaurus*
bis zu *Kritosaurus*

Dinosaurier von L bis Z. Von *Labocania*
bis zu *Zupaysaurus*

Eiszeitliche Geparde in Deutschland

Eiszeitliche Leoparden in Deutschland

Frauen im Weltall

Höhlenlöwen. Raubkatzen im Eiszeitalter

Johann Jakob Kaup
Der große Naturforscher aus Darmstadt

Julchen Blasius. Die Räuberbraut des Schinderhannes

Königinnen der Lüfte in Deutschland

Königinnen der Lüfte in Europa

Königinnen der Lüfte in Amerika

Königinnen der Lüfte von A bis Z

Königinnen des Tanzes

Malende Superfrauen

Meine Worte sind wie die Sterne
Die Entstehung der Rede des Häuptlings Seattle
(zusammen mit Sonja Probst)

Monstern auf der Spur
Wie die Sagen über Drachen, Riesen
und Einhörner entstanden

Österreich in der Frühbronzezeit

Österreich in der Mittelbronzezeit

Österreich in der Spätbronzezeit

Pompadour und Dubarry. Die Mätressen
von Louis XV.

Raub-Dinosaurier von A bis Z.
Mit Zeichnungen von Dmitry Bogdanav
und Nobu Tamura

Bestellungen bei: http://www.grin.com